55分で焼きたてパン

55
MINUTES
BREAD

沼津りえ

主婦の友社

むずかしそう… たいへんそう…
と思っていたパン作りが、 **55分**

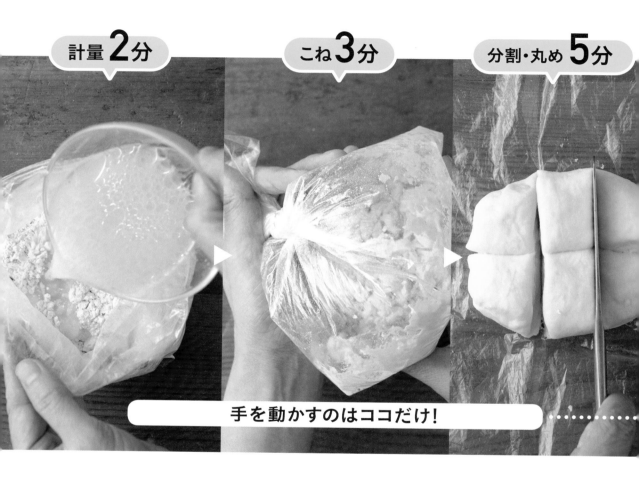

計量**2**分　こね**3**分　分割・丸め**5**分

手を動かすのはココだけ！

☑ ポリ袋でこねるから
粉が飛び散らない、
手が汚れない

☑ 小さい机1つでOK！
場所をとらない

☑ あと片づけが
びっくりするほどラク

思い立ったら、すぐ作れる！

パンならできる！

発酵 **35分**

焼き **10分**

あとはフライパンにおまかせ

55分で
完成！

発酵の35分で、なにする？
待ち時間のオマケつき

片づけ、掃除。
パンが焼けたら
部屋もきれい♪

英単語を覚える
集中タイム！

夜仕込みなら
お風呂に
ほどよい時間

同時進行で
25分パンも
焼けちゃう！

CONTENTS

Part 1
粉100gで気軽に作れる！
基本の55分パン

Part 2
まぜ込み&具入り
55分パン

Part 3

もっとアレンジ！
55分パン

Part 4

さらに簡単、発酵なし！
クイック25分パン

粉100gで気軽に作れる!

ふっくら片面焼き

同じ生地で
焼き方は2つ

Real size
実物大

14cm

直径14cmの
フライパンで焼きました。
大きいフライパンでも
OK！→p.21

基本の55分パン

強力粉100gでパパッと作って、おいしく食べきれる55分パン。
基本の作り方は、びっくりするほど簡単！　はじめてでも失敗なし！
焼きたての"ふわふわ＆もっちり"をぜひ味わってください。

こんがり両面焼き

Real size
実物大

14cm

基本の
55分パンの「道具」

☑ タイマー　　☑ ポリ袋

Point
20×30cmが
おすすめ。
25×35cmでも
作れる

☑ フライパンとふた

☑ 小さめのボウル

Point
直径14cmから
作れる。
家にあるもので
OK！

☑ キッチンバサミ　　☑ ナイフ　　☑ はかり
☑ 計量スプーン（大さじ・小さじ）

フライパンのふたがない
場合は、アルミホイルをか
ぶせればOK。

と「材料」はこれだけ

いちばんシンプルな材料で!
プレーンパン

A
液体チーム

Point
1gをはかるのは
むずかしいので
小さじがおすすめ

☑ **ドライイースト**
小さじ1/3（1g）

Point
高温注意!
イーストは
50度以上で
活動が弱くなる

☑ **ぬるま湯** 60g（40度くらい）

湯に水を足して40度にする。または水を電
子レンジ（600W）で10〜20秒加熱。
※油とイーストをまぜて35度くらいがベスト。

☑ **サラダ油**
5g
（小さじ1強）

B
粉チーム

☑ **塩**
小さじ1/4弱（1g）

☑ **強力粉**
100g

☑ **砂糖**
5g
（小さじ1強）

実物大で見たまんま

手順**1** 材料

Aを合わせる

- ●ぬるま湯…60g（40度くらい）
- ●サラダ油…5g（小さじ1強）
- ●ドライイースト…小さじ⅓（1g）

をボウルに入れてまぜる。

Bを合わせる

- ●強力粉…100g
- ●塩…小さじ¼弱（1g）
- ●砂糖…5g（小さじ1強）

をポリ袋に入れて
手で軽くもんでまぜる。

基本の
55分パンの作り方

狭い作業台で、手も汚さずに作れる55分パン。実物大の写真のとおりに進めて！
「こんなときはどうする?」と迷ったら、Q＆A（p.50）も参考に。

を合わせる

ポリ袋に軽く空気を入れて口をねじる

BにAを加える

粉のポリ袋に液体の材料を
一気に加える。

11

シャカシャカ1分

最初はドロドロ

1分でまとまる！

Point
ポリ袋の両角に
親指と中指を
入れると
振りやすい！

思いっきり
シャカシャカ振る!!

Point
ポリ袋は
パンパンにせず
少しゆるめると
破けにくい

手順 3　両手もみ1分

Point

ていねいに
ムラなく
もみもみ！

グーこね1分　手順 4

Point

台にのせて
猫の手で
グイグイ押す

5 分割する

ポリ袋を切り開く

CUT

折りたたむ→のばすを4回くり返す

Point

ポリ袋ごと折れば
手にくっつかない！
厚みの均一な
長方形にする

ナイフで6等分する

（好みで大きさはかえてOK！→p.20）

手順 6 丸めて発酵 35分

分割した生地をつぶす

対向の辺をくっつけ、中央をとじる

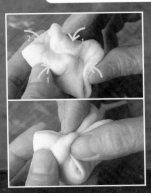

Point
中央に生地を
集めていき、
最後はしっかり
つまんでとじて！

フライパンに並べてふたをし、
強火10秒加熱 ▶ 火を止めて35分おく

生地が乾かないように
ふたをして

とじ目を下にして並べる

35分で
ふっくらする！

手順7 焼く

ふっくら片面焼き

ふたをして強火**10**秒 ▶ 弱火にして**10**分加熱する

※焼けたら、蒸れないように、とり出して冷ます。

Point

焦げないように
注意。
弱火をキープ！

こんがり両面焼き

ふたをして強火 **10**秒 ▶ 弱火にして **5**分 ▶ 返して **5**分 加熱する

※焼けたら、蒸れないように、とり出して冷ます。

ナイフやへらで返す

55分パンの 生地バリエーション

基本の55分パンの材料を少しかえて、味わいの違いを楽しみましょう。

味に深みが出て栄養もアップ

全粒粉パン

材料をチェンジ！

材料

	ぬるま湯…60g（40度くらい）	
A	サラダ油…5g（小さじ1強）	
	ドライイースト…小さじ⅓（1g）	
	強力粉…70g	
	全粒粉（細びき）…30g	
B	塩…小さじ¼弱（1g）	
	砂糖…5g（小さじ1強）	

白くてもっちり、やさしい甘み

ミルクパン

材料

A
- 牛乳…60g（40度くらい）
- サラダ油…5g（小さじ1強）
- ドライイースト…小さじ⅓（1g）

B
- 強力粉…100g
- 塩…小さじ¼弱（1g）
- 砂糖…15g（大さじ1½）

材料を
チェンジ！

材料

A
- 卵黄1個＋ぬるま湯
  …合わせて60g
- 食塩不使用バター…10g
  （有塩バターの場合は、
  　塩を少し減らす）
- ドライイースト
  …小さじ⅓（1g）

※卵黄とバターは室温に戻すか、
ぬるま湯の温度を上げ、合わせたAが
35度くらいになるようにする。

B
- 強力粉…100g
- 塩…小さじ¼弱（1g）
- 砂糖…20g（大さじ2）

※生地がベタつくときは、
両手に薄く強力粉をつける（p.52）。

材料を
チェンジ！

卵黄とバター入り！　コクが出る

リッチパン

ちぎりパン、丸パン、Bigパンも！
55分パンの焼き方 バリエーション

分割の仕方や、フライパンの大きさは自由！　その日の気分や好みで形をかえてみて。

分割をいろいろかえる

［4分割］

分割のとき、ナイフで4等分して丸める。

［12分割］

分割のとき、ナイフで12等分して丸める。

［分割しないでスライス］

Bigパン

分割せずに全体を丸め、フライパンの中央にとじ目を下にしておき、上から手で押さえて広げる。

余ったら冷凍OK

パンが余ったら、1個ずつラップで包み、ポリ袋に入れて冷凍。食べるときは、凍ったままオーブントースターに入れ、3〜4分焼いてどうぞ！

大きめのフライパンでちぎりパンを焼く

[中央に並べる]　　　[くっついて焼ける]

分割して丸めたあと、フライパンの中央に並べて発酵。そのまま焼くと、生地がくっついて「ちぎりパン」に。

大きめのフライパンで丸パンを焼く

[離して並べて焼く]

分割して丸めたあと、生地を離して並べて発酵。そのまま焼くと、くっつかずに1個ずつの「丸パン」に。

21

次はどれを塗る？
いろいろな味を
選べるのが楽しい

55分パンの食べ方アレンジ 1

Dip Bread

55分パンによく合う色とりどりの
ディップ6種をご紹介します。
ワインのお供や、朝食、おやつにも！

インスタントで簡単に

牛乳とまぜるだけ！

ふわふわの食感

ピンクがかわいい♡

レモンで臭みなし

水きり不要でラク！

2

4

5

6

1 コーヒークリーム

材料 (作りやすい分量)

A ┌ インスタントコーヒー (粉末)
  │   …小さじ2
  └ 砂糖…大さじ2
熱湯…小さじ½
クリームチーズ…50g

作り方
Aと熱湯を合わせてとかし、チーズに加えてまぜる。

2 きな粉ペースト

材料 (作りやすい分量)

きな粉…30g
砂糖…大さじ1½
牛乳…大さじ2
塩…少々

作り方
すべての材料をまぜ合わせる。

3 アボカドディップ

材料 (作りやすい分量)

アボカド (皮と種を除いてつぶす)
  …½個
にんにく (みじん切り) …少々
レモン汁…小さじ½
オリーブ油…大さじ1
塩…小さじ¼
こしょう…少々

作り方
すべての材料をまぜ合わせる。

4 タラモディップ

材料 (作りやすい分量)

じゃがいも (ゆでてつぶす) …100g
A ┌ たらこ (明太子) …½腹 (約35g)
  │ 牛乳…大さじ1
  │ レモン汁…小さじ1
  │ オリーブ油…大さじ2
  └ 塩、こしょう…各少々

作り方
Aを合わせてまぜ、じゃがいもを加えてまぜる。

5 さば缶ディップ

材料 (作りやすい分量)

さば水煮缶…30g
クリームチーズ…30g
レモン汁…小さじ½
塩、こしょう…各少々

作り方
すべての材料をまぜ合わせる。

6 豆腐クリーム

材料 (作りやすい分量)

木綿豆腐…30g
クリームチーズ…30g
くるみ (こまかく刻む) …5g
レモン汁…小さじ¼
塩、こしょう…各少々

作り方
すべての材料をまぜ合わせる。

Sandwich

シンプルパンは、どんな具とも好相性。
お食事系とスイーツ系、
どちらのサンドイッチもおすすめです。

卵サンドと野菜スープで
ちゃんと食べる
朝ごはん！

黄身と白身を分けてつぶすのがコツ
なめらかさがグレードアップ

とろ〜りとろける卵サンド

パンの両面焼き、
片面焼きはお好みで！

材料 (1人分)

プレーンパン
　(p.17) 6分割／両面焼き…2個
ゆで卵…1個
	マヨネーズ…小さじ2
A	牛乳…小さじ1
	塩、こしょう…各少々

作り方

1　ゆで卵は白身と黄身を分け、別々につぶす。黄身に**A**を加えてなめらかにまぜ、白身を合わせてまぜる。

2　パンに縦に切り込みを入れ、1をはさむ。

おすすめレシピ with 55分パン

ケチャップでコクが出て本格味に

ミネストローネ

材料 (作りやすい分量)

玉ねぎ…¼個 (50g)
じゃがいも…⅓個 (50g)
キャベツ…小1枚 (50g)
にんじん…2cm (20g)
ベーコン…2枚
オリーブ油…小さじ1
トマトケチャップ…大さじ2
しょうゆ…小さじ1
塩、こしょう…各少々

作り方

1　野菜、ベーコンは1cm角に切る。

2　なべにオリーブ油を熱し、じゃがいも以外の1を入れ、弱火でしんなりするまでよくいためる。

3　ケチャップを加え、2〜3分いためて甘みを出す。

4　水400ml、じゃがいもを加え、煮立ったらふたをずらしてのせ、じゃがいもに火が通るまで煮る。

5　しょうゆ、塩、こしょうで味をととのえる。

パンに食べごたえがあるから、ミニサイズでも2個で満足！

ミニハンバーガー

材料（1人分）

全粒粉パン（p.18）6分割／両面焼き
　　…2個
ミニハンバーグ（市販または手作り）
　　…2個
レタス（ちぎる）…1枚
スライスチーズ（チェダー）…½枚
トマトケチャップ…適量

作り方

1 パンは横半分に切る。チーズは半分に切って正方形にする。
2 パンにレタス、ハンバーグ、ケチャップ、チーズをのせてはさむ。

おすすめレシピ with 55分パン

少ない調味液で、すぐ漬かる

ちゃちゃっとピクルス

材料（作りやすい分量）

きゅうり…1本　　　　　塩…小さじ1
赤パプリカ（大）…½個　酢、砂糖
（好みの野菜200gでOK）　…各大さじ2

作り方

1 野菜は食べやすい大きさに切り、ざるにのせて塩をまぶし、15分ほどおいて自然に水けをきる。
2 保存容器に1の野菜（水けはしぼらなくていい）、酢、砂糖を入れ、全体をまぜ合わせる。砂糖がとけたら完成。

生地を平たく押さえて焼くと、厚みのある具をはさみやすい

BLTサンド

材料 (1人分)

全粒粉パン (p.18) 4分割／両面焼き…2個

ベーコン…1枚

トマト (1cm厚さの輪切り)…2枚

レタス (ちぎる)…1枚

粒マスタード、マヨネーズ…各適量

作り方

1 パンは好みで「丸パン」(p.21) にする (焼くときに平たく押さえると、イングリッシュマフィンのような形になる)。

2 パンを横半分に切る。ベーコンは4等分し、フライパンで油をひかずにカリカリに焼く。

3 パンに粒マスタード、マヨネーズを塗り、ベーコン、レタス、トマトをのせてはさむ。

おすすめレシピ with 55分パン

バナナ入りで苦みがなくまろやか

小松菜スムージー

材料 (作りやすい分量)

小松菜…2株 (100g)

バナナ…1本

牛乳…200㎖

作り方

1 小松菜は5cm長さに切り、バナナは5cm長さにちぎる。

2 ミキサーに1、牛乳を入れ、なめらかになるまで回す。好みで砂糖やはちみつをまぜて甘みを足してもOK。

板チョコでお手軽! 食感も楽しい

チョコバナナサンド

材料 (1人分)

ミルクパン (p.19) 6分割／片面焼き…1個
板チョコレート…1かけ
バナナ (斜め薄切り)…3枚

作り方

パンに横から切り込みを入れ、チョコ、バナナをはさむ。

定番のおいしいコンビをたっぷり

ブルーベリー
クリームチーズサンド

材料 (1人分)

リッチパン (p.19) 6分割／両面焼き…1個
ブルーベリージャム、クリームチーズ
　　…各適量

作り方

パンは好みで「丸パン」(p.21)にする(6分割して丸めたら平たく押さえ、中央に指で穴をあけるとベーグル風になる)。横半分に切り、チーズ、ジャムを塗ってはさむ。

イタリアのスイーツパンを再現

マリトッツォ

材料 (1人分)

リッチパン (p.19) 6分割／両面焼き…1個
ホイップクリーム (市販)…適量
好みのフルーツ…適量

作り方

パンに横から切り込みを入れ、クリームをはさみ、薄切りにしたフルーツを貼りつける。

2

具入りパン

まぜ込み&具入り

55分パン

まぜ込みパン

Part1で「基本の55分パン」の作り方を覚えたら、

家にある具をまぜ込んだり

まん中にのせて包んだり、簡単アレンジに挑戦！

料理に合うパン、おかずパン、おやつパン……etc.。

香りや味わいが変わると、毎日食べても飽きません。

自分好みの組み合わせを見つけてくださいね。

まぜ込みパン

55分パンの生地を作ったあとに、
小さい材料は、袋に追加してもむだけ。
大きい材料は生地に折り込んでまぜます。

プチプチの黒ごまたっぷりが美味
お店のような香ばしいパンに

ごまチーズパン

材料 (プレーンパン生地で6個分)

A	ぬるま湯…60g (40度くらい)
	サラダ油…5g (小さじ1強)
	ドライイースト…小さじ⅓ (1g)
B	強力粉…100g
	塩…小さじ¼弱 (1g)
	砂糖…5g (小さじ1強)

いり黒ごま…10g
ピザ用チーズ…30g

「グーこね」のあと、ごまとチーズをまぜる。

作り方

生地を作る
p.10〜13参照

具をまぜる

1 黒ごま、チーズを加え、もんでまぜる。

2 ポリ袋を切り開き、生地を4回折りたたんで長方形にする。

分割・発酵
p.14〜15参照

3 6分割して丸め、とじ目を下にしてフライパンに並べる。

4 ふたをして、強火で10秒加熱し、火を止めて35分おく。

両面焼き
p.17参照

5 ふたをしたまま強火で10秒加熱し、弱火にして5分、返して5分加熱する。

おすすめレシピ with 55分パン

フレッシュ野菜と彩りよく盛る

パリパリ！チキンサラダ

材料 (2人分)

鶏もも肉…150g
塩…小さじ⅓
こしょう…少々
オリーブ油…小さじ½
レタス (ちぎる)、
　ベビーリーフ
　…合わせて100g

トマト (くし形切り)
　…小1個
A | 酢…大さじ½
　| オリーブ油…大さじ1
　| 塩…小さじ¼
　| こしょう…少々

作り方

1 鶏肉は厚い部分に切り込みを入れて開き、両面に塩、こしょうを振る。

2 フライパンにオリーブ油を熱し、1を皮目を下にして入れ、弱めの中火で5〜6分焼く。パリッと焼けたら返し、2〜3分焼く。あら熱がとれたら一口大に切る。

3 器にレタス、ベビーリーフ、トマト、2を盛り、Aをまぜ合わせてかける。

焼きたてパンで
簡単＆おしゃれに!
カフェ風ランチ

まぜ込みパン

ほんのり甘いミルク生地がよく合う
つまみやすいミニサイズで

ぶどうパン

材料（ミルクパン生地で12個分）

A
牛乳…60g（40度くらい）
サラダ油…5g（小さじ1強）
ドライイースト…小さじ⅓（1g）

B
強力粉…100g
塩…小さじ¼弱（1g）
砂糖…15g（大さじ1½）

レーズン…40g

作り方

| 生地を作る | p.10〜13参照 |

| 具をまぜる | **1** レーズンを加え、もんでまぜる。 |

2 ポリ袋を切り開き、生地を4回折りたたんで長方形にする。

3 12分割して丸め、とじ目を下にしてフライパンに並べる。

| 分割・発酵 | p.14〜15参照 |

4 ふたをして、強火で10秒加熱し、火を止めて35分おく。

5 ふたをしたまま強火で10秒加熱し、弱火にして5分、返して5分加熱する。

| 両面焼き | p.17参照 |

「グーこね」のあと、レーズンをまぜる。

まぜ込みパン

味わい深いヘルシーブレッド
カリッとした食感がアクセントに

くるみパン

材料（全粒粉パン生地で4個分）

A
- ぬるま湯…60g（40度くらい）
- サラダ油…5g（小さじ1強）
- ドライイースト…小さじ⅓（1g）

B
- 強力粉…70g
- 全粒粉（細びき）…30g
- 塩…小さじ¼弱（1g）
- 砂糖…5g（小さじ1強）

くるみ（あらく刻む）…30g

「グーこね」のあと、くるみをまぜる。

作り方

生地を作る
p.10〜13参照

▼

具をまぜる

1 くるみを加え、もんでまぜる。

2 ポリ袋を切り開き、生地を4回折りたたんで長方形にする。

3 4分割して丸め、とじ目を下にしてフライパンに並べる。

▼

分割・発酵
p.14〜15参照

4 ふたをして、強火で10秒加熱し、火を止めて35分おく。

▼

両面焼き
p.17参照

5 ふたをしたまま強火で10秒加熱し、弱火にして5分、返して5分加熱する。

黒こしょうがピリッと刺激的!
一口、もう一口とクセになる味

粉チーズペッパーパン

材料 (プレーンパン生地で6個分)

A｜ぬるま湯…60g (40度くらい)
　｜サラダ油…5g (小さじ1強)
　｜ドライイースト…小さじ⅓ (1g)

B｜強力粉…100g
　｜塩…小さじ¼弱 (1g)
　｜砂糖…5g (小さじ1強)

あらびき黒こしょう…小さじ1
粉チーズ…大さじ2 (約20g)

※黒こしょうの量は好みで調節を。

「グーこね」のあと、黒こしょうと粉チーズ
をまぜる。

作り方

生地を作る
p.10〜13参照

▼

具をまぜる

1 黒こしょう、粉チーズを加え、もんでまぜる。

▼

分割・発酵
p.14〜15参照

2 ポリ袋を切り開き、生地を4回折りたたんで長方形にする。

3 6分割して丸め、とじ目を下にしてフライパンに並べる。

4 ふたをして、強火で10秒加熱し、火を止めて35分おく。

▼

両面焼き
p.17参照

5 ふたをしたまま強火で10秒加熱し、弱火にして5分、返して5分加熱する。

おすすめレシピ with **55分パン**

小さめカットの野菜をスピード煮

お手軽ポトフ

材料 (2人分)

じゃがいも…小2個
にんじん…小½本
玉ねぎ…¼個
ウインナソーセージ…4本
塩…小さじ½〜⅓
こしょう…少々

作り方

1 じゃがいもは4〜6等分に切り、にんじんは乱切り、玉ねぎはくし形に切る。

2 なべに1とソーセージ、水400〜500mℓを入れて火にかけ、じゃがいもがやわらかくなるまで煮る。塩、こしょうで味をととのえる。好みでドライパセリを振る。

ほっとするスープと
スパイシーなパンが
絶妙な組み合わせ

まぜ込みパン

コーンが生地からあふれるくらいで
焼くとちょうどいい食感になる

コーンパン

材料（全粒粉パン生地で6個分）

A
ぬるま湯…60g（40度くらい）
サラダ油…5g（小さじ1強）
ドライイースト…小さじ⅓（1g）

B
強力粉…70g
全粒粉（細びき）…30g
塩…小さじ¼弱（1g）
砂糖…5g（小さじ1強）

粒コーン（よく水けをふく）…50g

作り方

生地を作る

p.10〜13参照

具をまぜる

1 ポリ袋を切り開き、コーンをのせ、生地を4回折りたたんでまぜながら長方形にする。

分割・発酵

p.14〜15参照

2 6分割して丸め、とじ目を下にしてフライパンに並べる。

3 ふたをして、強火で10秒加熱し、火を止めて35分おく。

両面焼き

p.17参照

4 ふたをしたまま強火で10秒加熱し、弱火にして5分、返して5分加熱する。

コーンは水けがあると生地になじまないので、よくふいて！

「グーこね」のあと、折り込みながらまぜる。

まぜ込みパン

折り込むから豆がつぶれずに残る
栄養も食べごたえもしっかり

豆パン

材料 (プレーンパン生地で6個分)

A
- ぬるま湯…60g (40度くらい)
- サラダ油…5g (小さじ1強)
- ドライイースト…小さじ⅓ (1g)

B
- 強力粉…100g
- 塩…小さじ¼弱 (1g)
- 砂糖…5g (小さじ1強)

ミックスビーンズ (よく水けをふく)…50g

豆は水けがあると生地になじまないので、よくふいて!

「グーこね」のあと、折り込みながらまぜる。

作り方

生地を作る

p.10〜13参照

▼

具をまぜる

1 ポリ袋を切り開き、ミックスビーンズをのせ、生地を4回折りたたんでまぜながら長方形にする。

▼

分割・発酵

p.14〜15参照

2 6分割して丸め、とじ目を下にしてフライパンに並べる。

3 ふたをして、強火で10秒加熱し、火を止めて35分おく。

▼

両面焼き

p.17参照

4 ふたをしたまま強火で10秒加熱し、弱火にして5分、返して5分加熱する。

洋食のテーブルパンにぴったり！
さわやかな香りが料理を引き立てる

ハーブパン

材料 (プレーンパン生地で6個分)

A
- ぬるま湯…60g (40度くらい)
- サラダ油…5g (小さじ1強)
- ドライイースト…小さじ⅓ (1g)

B
- 強力粉…100g
- 塩…小さじ¼弱 (1g)
- 砂糖…5g (小さじ1強)

ドライハーブ…小さじ½〜1

※ハーブはオレガノ、タイム、ハーブミックスなど
好みのもので。

「グーこね」のあと、ドライハーブをまぜる。

作り方

生地を作る
p.10〜13参照

具をまぜる

1 ドライハーブを加え、もんでまぜる。

分割・発酵
p.14〜15
参照

2 ポリ袋を切り開き、生地を4回折りたたんで長方形にする。

3 6分割して丸め、とじ目を下にしてフライパンに並べる。

4 ふたをして、強火で10秒加熱し、火を止めて35分おく。

片面焼き
p.16参照

5 ふたをしたまま強火で10秒加熱し、弱火にして10分加熱する。

おすすめレシピ with 55分パン

レモンバターソースで仕上げる
サーモンのムニエル

材料 (2人分)
サーモン…2切れ
塩…少々
オリーブ油…小さじ1

A
- バター…10g
- レモン汁…小さじ2
- レモンの輪切り…2枚

あらびき黒こしょう…適量

作り方

1 サーモンは両面に塩を振って3分おき、出てきた水けをふく。

2 フライパンにオリーブ油を熱し、1を並べ、両面焼いて器に盛る。

3 フライパンの余分な油をふき、Aを加えてひと煮立ちさせ、2に回しかける。好みでサラダ菜を添え、黒こしょうを振る。

ちぎると香りがふわっ！
ムニエルのソースを
つけても合う

まぜ込みパン

ティーバッグ1袋で手軽に作れる
果物のジャムがベストマッチ

紅茶パン

材料 (ミルクパン生地で8個分)

A
- 牛乳…60g (40度くらい)
- サラダ油…5g (小さじ1強)
- ドライイースト…小さじ⅓ (1g)

B
- 強力粉…100g
- 塩…小さじ¼弱 (1g)
- 砂糖…15g (大さじ1½)

紅茶の茶葉…ティーバッグ1袋分

「グーこね」のあと、茶葉をまぜる。

作り方

生地を作る
p.10〜13参照

具をまぜる

1 茶葉を加え、もんでまぜる。

分割・発酵
p.14〜15
参照

2 ポリ袋を切り開き、生地を4回折りたたんで長方形にする。

3 8分割して丸め、とじ目を下にしてフライパンに並べる。

4 ふたをして、強火で10秒加熱し、火を止めて35分おく。

両面焼き
p.17参照

5 ふたをしたまま強火で10秒加熱し、弱火にして5分、返して5分加熱する。好みでジャムを添えても。

まぜ込みパン

卵黄とチョコをまぜ込んだ
濃厚なおいしさに、甘党さん大満足

チョコチップパン

材料（リッチパン生地で6個分）

A
- 卵黄1個＋ぬるま湯…合わせて60g
- 食塩不使用バター…10g
  （有塩バターの場合は、塩を少し減らす）
- ドライイースト…小さじ⅓（1g）

※卵黄とバターは室温に戻すか、
ぬるま湯の温度を上げ、合わせたAが
35度くらいになるようにする。

B
- 強力粉…100g
- 塩…小さじ¼弱（1g）
- 砂糖…20g（大さじ2）
- チョコチップ…20g

「グーこね」のあと、チョコチップをまぜる。

作り方

生地を作る
p.10〜13参照

▼

具をまぜる

1 チョコチップを加え、もんでまぜる。

▼

分割・発酵
p.14〜15参照

2 ポリ袋を切り開き、生地を4回折りたたんで長方形にする。

3 6分割して丸め、とじ目を下にしてフライパンに並べる。

4 ふたをして、強火で10秒加熱し、火を止めて35分おく。

▼

片面焼き
p.16参照

5 ふたをしたまま強火で10秒加熱し、弱火にして10分加熱する。

41

具入りパン

具に水分があると生地で包みにくいので、
水けをとっておくのがポイント。
発酵は、包む時間を含めて35分で大丈夫。

包んで切り目を入れる、簡単成形
ぶきっちょさんも上手に作れる

ウインナチーズパン

材料 (プレーンパン生地で6個分)

A	ぬるま湯…60g (40度くらい)
	サラダ油…5g (小さじ1強)
	ドライイースト…小さじ1/3 (1g)
B	強力粉…100g
	塩…小さじ1/4弱 (1g)
	砂糖…5g (小さじ1強)

ウインナソーセージ (半分に切る)…3本
ピザ用チーズ…30g

作り方

生地を作る

p.10～13参照

分割・具を包む

1 ポリ袋を切り開き、生地を4回折りたたんで長方形にする。

2 6分割して丸め、手でつぶし、ソーセージとチーズをのせて包む。ナイフで切り目を入れる。

3 とじ目を下にしてフライパン (直径20cmを使用) に並べる。

発酵

p.15参照

4 ふたをして、強火で10秒加熱し、火を止めて30分ほどおく。

両面焼き

p.17参照

5 ふたをしたまま強火で10秒加熱し、弱火にして5分、返して5分加熱する。

丸めてつぶした生地に、ソーセージ1/2本、チーズ5gずつをのせる。

手前と奥側の生地を持ち上げ、つまんでとじる。

とじ目を下にし、ナイフで4カ所、深く切り目を入れる (ソーセージが切れてもOK)。

直径20cmのフライパンだと、くっつかずに並ぶ。包むのに5分ほどかかるので、発酵時間は30分でOK。

手で持ちやすい
小ぶりなサイズ。
切り目からとけ出た
チーズが香ばしい!

ツナマヨコーンパン

ぬるま湯をトマトジュースに！風味がよく、色もきれいなおかずパン

材料 (プレーンパン生地で6個分)

A
- トマトジュース(食塩無添加)…60g (40度くらい)
- サラダ油…5g (小さじ1強)
- ドライイースト…小さじ⅓(1g)

B
- 強力粉…100g
- 塩…小さじ¼弱(1g)
- 砂糖…5g (小さじ1強)

C
- ツナ缶(汁けをきる)、
  粒コーン(水けをとる)…各60g
- マヨネーズ…大さじ1

作り方

生地を作る → p.10〜13参照

分割・具を包む

1 ポリ袋を切り開き、生地を4回折りたたんで長方形にする。

2 6分割して丸め、手でつぶし、直径8〜9cmにする。Cをまぜ合わせてのせ、包む。

3 とじ目を下にしてフライパンに並べる。

発酵 p.15参照

4 ふたをして、強火で10秒加熱し、火を止めて30分ほどおく。

片面焼き p.16参照

5 ふたをしたまま強火で10秒加熱し、弱火にして10分加熱する。

丸めてつぶした生地は、ふちを押さえて薄くのばす。

中央にツナマヨコーンを⅙量ずつのせる。

対向の辺を引っぱり、中央でくっつける。

さらに対向の角を引っぱり、中央でくっつける。

具が見えなくなったら、最後はギュッとつまんでとじる。

具入りパン

ブロッコリーハムパン

野菜やハムは小さく切って詰めて。具入りパンは忙しい朝にうれしい

材料 (全粒粉パン生地で6個分)

A
- ぬるま湯…60g (40度くらい)
- サラダ油…5g (小さじ1強)
- ドライイースト…小さじ⅓(1g)

B
- 強力粉…70g
- 全粒粉(細びき)…30g
- 塩…小さじ¼弱(1g)
- 砂糖…5g (小さじ1強)

C
- ブロッコリー(小房をゆでて小さく裂く)…50g
- ハム(あらく刻む)…2枚

作り方

生地を作る → p.10〜13参照

分割・具を包む

1 ポリ袋を切り開き、生地を4回折りたたんで長方形にする。

2 6分割して丸め、手でつぶし、直径8〜9cmにする。Cをのせて包む。

3 とじ目を下にしてフライパンに並べる。

発酵 p.15参照

4 ふたをして、強火で10秒加熱し、火を止めて30分ほどおく。

両面焼き p.17参照

5 ふたをしたまま強火で10秒加熱し、弱火にして5分、返して5分加熱する。

生地にブロッコリーとハムを⅙量ずつのせ、上記と同様に包む。

生地をしっかり
つまんでとじると
具がまん中に！

具入りパン

余ったポテサラが人気パンに変身！
少量のカレー粉で鮮やかな黄色に

ポテサラパン

材料（プレーンパン生地で6個分）

A
| ぬるま湯…60g（40度くらい）
| サラダ油…5g（小さじ1強）
| ドライイースト…小さじ⅓（1g）

B
| 強力粉…100g
| カレー粉…小さじ1
| 塩…小さじ¼弱（1g）
| 砂糖…5g（小さじ1強）

ポテトサラダ…大さじ6（90g）

生地にポテトサラダを大さじ1
ずつのせ、p.44「ツナマヨコー
ンパン」と同様に包む。

作り方

生地を作る　p.10〜13参照

分割・具を包む

1　ポリ袋を切り開き、生地を4回折りたたんで長方形にする。

2　6分割して丸め、手でつぶし、直径8〜9cmにする。ポテトサラダをのせて包む。

3　とじ目を下にしてフライパンに並べる。

発酵　p.15参照

4　ふたをして、強火で10秒加熱し、火を止めて30分ほどおく。

片面焼き　p.16参照

5　ふたをしたまま強火で10秒加熱し、弱火にして10分加熱する。

具入りパン

おべんとう用のミートボールがお手軽
おなじみの味で子どもも喜ぶ

ミートボールパン

材料(全粒粉パン生地で6個分)

A | ぬるま湯…60g(40度くらい)
  | サラダ油…5g(小さじ1強)
  | ドライイースト…小さじ⅓(1g)

B | 強力粉…70g
  | 全粒粉(細びき)…30g
  | 塩…小さじ¼弱(1g)
  | 砂糖…5g(小さじ1強)

ミートボール(市販)…小6個

生地にミートボールを1個ずつのせ、
p.44「ツナマヨコーンパン」と同様に
包む。たれが多いと包みにくいので、
余ったたれは焼いたパンにつけるの
がおすすめ。

作り方

生地を作る → **p.10〜13参照**

分割・具を包む

1 ポリ袋を切り開き、生地を4回折りたたんで長方形にする。

2 6分割して丸め、手でつぶし、直径8〜9cmにする。ミートボールをのせて包む。

3 とじ目を下にしてフライパンに並べる。

発酵 p.15参照

4 ふたをして、強火で10秒加熱し、火を止めて30分ほどおく。

両面焼き p.17参照

5 ふたをしたまま強火で10秒加熱し、弱火にして5分、返して5分加熱する。

具入りパン

焼く間にジャムが流れ出ても
マーブルパンとして楽しめばいい!

いちごジャムパン

材料 (ミルクパン生地で6個分)

A	牛乳…60g (40度くらい)
	サラダ油…5g (小さじ1強)
	ドライイースト…小さじ⅓(1g)
B	強力粉…100g
	塩…小さじ¼弱 (1g)
	砂糖…15g (大さじ1½)

かためのいちごジャム…小さじ6

※ジャムは好みのものでOK。
※リッチパン生地(p.19)で作っても
おいしい。

生地にジャムを小さじ1ずつのせ、
p.44「ツナマヨコーンパン」と同様に
包む。かためのジャムが包みやすい。

作り方

生地を作る p.10〜13参照

分割・具を包む

1 ポリ袋を切り開き、生地を4回折りたたんで長方形にする。

2 6分割して丸め、手でつぶし、直径8〜9cmにする。ジャムをのせて包む。

3 とじ目を下にしてフライパンに並べる。

発酵 p.15参照

4 ふたをして、強火で10秒加熱し、火を止めて30分ほどおく。

両面焼き p.17参照

5 ふたをしたまま強火で10秒加熱し、弱火にして5分、返して5分加熱する。

具入りパン

ミルク生地にココアをプラス
焼きたては中のチョコがとろける

板チョコパン

材料（ミルクパン生地で8個分）

A | 牛乳…60g（40度くらい）
サラダ油…5g（小さじ1強）
ドライイースト…小さじ⅓（1g）

B | 強力粉…90g
ココアパウダー（無糖）…10g
塩…小さじ¼弱（1g）
砂糖…15g（大さじ1½）

板チョコレート…40g

※リッチパン生地（p.19）で
作ってもおいしい。

生地にチョコを5gずつのせ、p.44「ツ
ナマヨコーンパン」と同様に包む。

作り方

●生地を作る

p.10〜13参照

●分割・具を包む

1 ポリ袋を切り開き、生地を4回折りたた
んで長方形にする。

2 8分割して丸め、手でつぶし、直径6〜
7cmにする。チョコをのせて包む。

3 とじ目を下にしてフライパンに並べる。

●発酵

p.15参照

4 ふたをして、強火で10秒加熱し、火を
止めて30分ほどおく。

●片面焼き

p.16参照

5 ふたをしたまま強火で10秒加熱し、弱
火にして10分加熱する。

49

はじめての 55分パン & 25分パン

先生教えて！ Q&A

料理やお菓子とは違う、パン作り。「これってどうして？」と思うこともありますよね。
そんなビギナーさんの疑問に、沼津先生がお答えします。困ったときの参考に！

材料について

Q1. 強力粉と薄力粉は なにが違うの？

A 強力粉の「強」は グルテンの力の強さ

どちらも同じ小麦粉ですが、強力粉はグルテンの力（粘りけ）が強く、発酵中に出てきた炭酸ガスが逃げないように保ってくれるので、ふっくらしたパンになるんですよ。この本でははじめてでも作りやすいように、55分パンは強力粉のみ、25分パンは薄力粉のみを使っています。

55分パンは **強力粉** を使う

25分パンは **薄力粉** を使う

全粒粉は **細びきが** おすすめ

Q2. 全粒粉ってなに？

A 小麦の殻や胚芽まで まるごと粉にしたもの

全粒粉は、小麦の殻や胚芽もまるごとひいて粉にしてあります。食物繊維やビタミン、ミネラルを多く含むため、栄養価が高いんですよ。「あらびき」と「細びき」があり、あらびきだと風味はよいのですが、ふくらみが少し悪くなるため、この本では細びきを使用しています。

Q3. スーパーの 材料でいいの？

A ごく普通の材料で おいしく作れます

この本でご紹介するパンは、お手ごろ価格の小麦粉でちゃんとおいしく作れるのでご安心を。毎日のパンなので、特別な材料を使う必要なし。手間なし、お手軽パンがいちばん！

Q4. 塩と砂糖は どうして入れるの？

A 塩はグルテンを安定させ、 砂糖は発酵を助けます

塩はグルテンを安定させ、生地を引き締める働きをします。砂糖はイーストの働きを助け、パンの色づきと香りをよくします。この本では、塩はあら塩、砂糖は上白糖を使用しています。いつも料理で使っている普通のものでOKですよ。

Q5. 水分は牛乳、ジュース、 なんでもいいの？

A 重さが同じなら いろいろかえてOK

基本のぬるま湯は、牛乳、豆乳、カフェオレ、トマトジュース、野菜ジュースにしたり、ぬるま湯ととき卵を合わせたりしても、総重量が同じならかまいません。水分をかえるだけで、色や味わいの違いを楽しめます。

Q6. なんで油を入れるの？油はどれがいい？

A **生地ののびをよくし、かたくなるのを防ぎます**

油脂は生地ののびをよくし、焼き上がったパンの水分が蒸発してかたくなるのを防ぎます。本来は、油脂はしっかりとグルテンを出したあとに入れるのですが、この本では、最初に水分と合わせて入れることで作りやすくしました。このほうが、失敗も少ないですよ。

✓ **好きな油脂で楽しんで！**

バター…豊かな風味
サラダ油…さっぱりと
オリーブ油…香ばしく

Q7. 古くなった小麦粉を使っても大丈夫？

A **常温で1〜2カ月、冷凍で1年が目安**

小麦粉は、常温なら1〜2カ月が保存の目安。湿けに弱いので、密閉容器や密閉袋に入れましょう。乾燥剤を入れてもいいですね。冷凍する場合も、1年以内に使用を。結露に弱いので、出し入れするときは素早く！　大袋を買った場合は、小分け冷凍が便利です。

✓ **注意！**

冷凍した強力粉をすぐ使うと、発酵が遅くなり、55分ではおいしいパンが作れません。計量後、常温になるまで少しおきましょう。

Q8. ドライイーストとベーキングパウダーってなにが違うの？

A **発酵する・しないで食感が変わります**

ドライイーストは、生イースト（酵母）を乾燥させた顆粒状のもの。水分を含ませて発酵させることで、もっちり、ふっくらしたパンになります。お菓子によく使うベーキングパウダーは、膨張剤です。熱に反応してふくらむ性質があり、もっちりより、さっくりした食感になります。

Q9. ドライイーストとベーキングパウダーは常温保存でいい？

A **開封後は早めに使用。または、個包装でも**

開封したドライイーストは、活性化しないように冷凍保存がおすすめ。ベーキングパウダーは常温保存でよいですが、古くなるとふくらみにくくなるので注意してください。作る機会が少ない場合は、どちらも3〜4gずつの個包装タイプだと保存期間が長いですよ。

55分パンはドライイースト。 開封したら冷凍保存

※しっかり封をして！

25分パンはベーキングパウダー。 常温でOK

※賞味期限内に使用を！

作り方について

Q10. ポリ袋は厚めのほうがいい？

A **軽くふくらませば薄くても大丈夫**

ポリ袋には厚さ0.01mmや0.02mmがありますね。どちらでも、大丈夫です。材料をまぜたあとシャカシャカ振るときに、袋をパンパンにふくらませずに少しゆるめれば、「バーン！」と破れる心配はないです。

Q11. ポリ袋が破れちゃった！

A **あわてないで！もう1枚重ねましょう**

もし作業中にポリ袋が破けても、もう1枚、別の袋を重ねてしまえば問題ありません。あわてずに、そのまま作ってくださいね！

Q12. 1分もんだら、意外と手が疲れた

A **ちゃんともんだ証拠！そこはがんばって**

「たったの1分？」と思いますが、やってみると意外と長く感じますよね。55分パンでは、生地をまぜてももむのは3分だけなので、そこはしっかりがんばりましょう。生地にベチャッとした部分、かたまりの部分がないように、同じところだけでなく均一にもんでくださいね。

Q13. 粉100gを200gにしてもいい?

A **倍量でもOK！2種類の時間差もアリ**

もちろん、たくさん食べたいときは材料をぜんぶ倍にして作ってOKです。またはコンロの火が2つ、フライパンが2つあれば、時間差で2種類のパンを作っても！渋滞せずにどんどん焼き上がるのが55分パンのいいところ。

Q14. 生地がベタベタするのですが……

A **手に薄く粉をつけるとくっつかないです**

水分量や湿度の若干の違いで、生地がベタつきやすいことも。また、卵入りの生地は、ベタつきやすいです。その場合は、手に強力粉を薄〜くつけると（三匹の子豚のオオカミみたいに！）くっつきません。粉をつけすぎると、かたいパンになるので注意してくださいね。

Q15. 具をのせて包むのがむずかしい

A **はみ出てもおいしいのが手作りのいいところ！**

具に水分や汁けがあると、生地がはじいてしまい、包みにくいかもしれません。しっかりと生地をのばすことが大切。でも、具がはみ出ても見た目がかわいいし、香ばしくなるので、失敗と思うことはないですよ！そのままフライパンに並べて焼けば大丈夫です。

Q16. 発酵させてもあまりふくらまない

A **イーストを適温で発酵させることがコツ**

ぬるま湯の温度は40度くらいが目安。イーストは繊細なため、50度以上で活動が弱まり、60度で死滅するため要注意です。また、低温にも弱いため、強力粉が冷たいと発酵に時間がかかります。ドライイーストやベーキングパウダーが古くて、ふくらみが悪くなる場合もあります。

Q17. 発酵時間を過ぎちゃった！

A **少しくらいなら大丈夫気になったら両面焼きに**

55分パンは発酵をショートカットしているので、多少時間が過ぎても大丈夫！もし発酵しすぎて生地がしぼむことがあったら、片面焼きでなく、両面焼きにすれば気になりません。発酵35分は目安です。気温、粉の温度、水温などで多少変わるので、目でふくらみ具合を確認できるようになるとパン名人ですね。

Q18. 生地は冷蔵保存できる?

A **55分パンはNG。25分パンで冷蔵を！**

55分パンは、1時間以内で焼き上げることを目指したパン。冷蔵には不向きです。ただ、25分パンの生地は2〜3日冷蔵OK（p.74参照）。前日に作って、翌朝は焼くだけにしたいときは、25分パンの生地を冷蔵してくださいね。

Q19. フライパンはオーブンとはどう違う?

A **蒸し焼きなのでもっちり、こんがり**

フライパンでふたをして焼くと、蒸気が回って中はもちもちに、外側はカリッと焼けます。また、フライパンが型がわりになって形をキープしてくれるので、少しくらい中の具がとけたり、飛び出たりしても問題なし！ビギナーさんにはもってこいです。

Q20. 火力が強かったのか焦げちゃった

A **強力粉の場合は弱火をキープして**

粉に含まれるたんぱく質量が多いほど焼き色がつきやすいため、強力粉のほうが薄力粉より、火が強いと焦げやすいです。そのため、55分パンは弱火がおすすめ！また、生地の砂糖の量を多くすると焼き色がつきやすくなります。

55分パンは弱火がキホン

25分パンは弱めの中火がキホン

はさみパン

ぐるぐるパン

おにぎりパン

Part 3

もっとアレンジ！
55分パン

55分パンの生地は、コロンと丸い形だけでなく、間に具をはさんだBigパン、
細長くして巻いたぐるぐるパン、おにぎりの形のパンなど、自由に成形できます。
粉100gでベーグルやカレーパン、ドーナツまで、お店の人気パンも作れるんです！

ベーグル

揚げパン

はさみパン

生地を2分割してまるくのばし、
間に好きなものをはさんで焼くだけ！
切り方も自由に楽しめるパンです。

ガッツリ食べて、元気になれる！
ボリューム満点のBigなお惣菜パン

コロッケパン

分割した生地は
丸めてからつぶ
し、手で平たく
のばす。

フライパンにの
せ、さらに直径
10〜11cmにの
ばす。

具はキャベツを
下にするとはさ
みやすい。

上側の生地は、
手でふちを押さ
えてくっつける。

材料（プレーンパン生地で1個分）

A
- ぬるま湯…60g（40度くらい）
- サラダ油…5g（小さじ1強）
- ドライイースト…小さじ⅓（1g）

B
- 強力粉…100g
- 塩…小さじ¼弱（1g）
- 砂糖…5g（小さじ1強）

コロッケ（市販）…1個
キャベツ（せん切り）…20g
とんかつソース…適量

作り方

生地を作る p.10〜13参照

分割・具をはさむ

1 ポリ袋を切り開き、生地を4回折りたたんで長方形にする。

2 2分割して丸め、手でつぶしてのばす。1枚はフライパンに敷いてのばし、キャベツ、ソース、コロッケの順でのせ、もう1枚をかぶせるようにのせる。

発酵
p.15参照

3 ふたをして、強火で10秒加熱し、火を止めて35分おく。

両面焼き
p.17参照

4 ふたをしたまま強火で10秒加熱し、弱火にして5分、返して5分加熱する。好みの大きさにカットする。

メンチカツ、
焼きそばなど
好きなお惣菜で
アレンジOK

55

はさみパン

磯の香りとしらすの塩けがほどよい
みそ汁とも合う、和風パン

しらすのりパン

材料（プレーンパン生地で1個分）

A ┌ ぬるま湯…60g（40度くらい）
　├ サラダ油…5g（小さじ1強）
　└ ドライイースト…小さじ⅓（1g）

B ┌ 強力粉…100g
　├ 塩…小さじ¼弱（1g）
　└ 砂糖…5g（小さじ1強）

焼きのり（全形）…½枚
しらす干し…10g
しょうゆ…適量

作り方

生地を作る　p.10〜13参照

分割・具をはさむ

1 ポリ袋を切り開き、生地を4回折りたたんで長方形にする。

2 2分割して丸め、手でつぶしてのばす。1枚はフライパンに敷いてのばし、半分に切ったのり、しらす、しょうゆをひと回し、残りののりの順でのせ、もう1枚をかぶせるようにのせる。

発酵　p.15参照

3 ふたをして、強火で10秒加熱し、火を止めて35分おく。

両面焼き　p.17参照

4 ふたをしたまま強火で10秒加熱し、弱火にして5分、返して5分加熱する。好みの大きさにカットし、しょうゆをかけても。

しらすをのりでサンド。

上側の生地をぴったりかぶせる。

はさみパン

オリーブ油を回しかけるだけで
一気におしゃれなイタリアの味に

チーズinフォカッチャ

材料 (プレーンパン生地で1個分)

A
| ぬるま湯…60g (40度くらい) |
| サラダ油…5g (小さじ1強) |
| ドライイースト…小さじ⅓ (1g) |

B
| 強力粉…100g |
| 塩…小さじ¼弱 (1g) |
| 砂糖…5g (小さじ1強) |

モッツァレラ…30g
オリーブ油…大さじ1

モッツァレラを適当にち
ぎってのせる。

指は下までしっかり差し
込む。

作り方

生地を作る

p.10〜13参照

分割・具をはさむ

1 ポリ袋を切り開き、生地を4回折りたたん
で長方形にする。

2 2分割して丸め、手でつぶしてのばす。1
枚はフライパンに敷いてのばし、モッツァ
レラをちぎってのせる。もう1枚をかぶせ
るようにのせ、オリーブ油を回しかけ、指
で数カ所穴をあける。

発酵
p.15参照

3 ふたをして、強火で10秒加熱し、火を止
めて35分おく。

両面焼き
p.17参照

4 ふたをしたまま強火で10秒加熱し、弱火
にして5分、返して5分加熱する。好みの
大きさにカットし、オリーブ油 (分量外) を
回しかけても。

57

はさみパン

包むのではなく、間にはさむから
端まであんこたっぷりにできる!

あんパン

材料 (ミルクパン生地で1個分)

A
- 牛乳…60g (40度くらい)
- サラダ油…5g (小さじ1強)
- ドライイースト…小さじ⅓ (1g)

B
- 強力粉…100g
- 塩…小さじ¼弱 (1g)
- 砂糖…15g (大さじ1½)

あんこ…100〜150g
いり黒ごま…適量

※つぶあん、こしあんはお好みで。

あんこの面積はパンと同じくらいに。

上側の生地をぴったりかぶせ、黒ごまをたっぷりのせて!

作り方

生地を作る

p.10〜13参照

分割・具をはさむ

1 ポリ袋を切り開き、生地を4回折りたたんで長方形にする。

2 2分割して丸め、手でつぶしてのばす。1枚はフライパンに敷いてのばし、あんこをのせる。もう1枚をかぶせるようにのせ、黒ごまを振る。

発酵
p.15参照

3 ふたをして、強火で10秒加熱し、火を止めて35分おく。

両面焼き
p.17参照

4 ふたをしたまま強火で10秒加熱し、弱火にして5分、返して5分加熱する。好みの大きさにカットする。

はさみパン

薄切りのりんごは2層で焼くので
外はカリッと香ばしく、中はしっとり

アップルパイ風パン

材料 (リッチパン生地で1個分)

A
- 卵黄1個＋ぬるま湯…合わせて60g
- 食塩不使用バター…10g
  （有塩バターの場合は、塩を少し減らす）
- ドライイースト…小さじ⅓（1g）

※卵黄とバターは室温に戻すか、
ぬるま湯の温度を上げ、合わせたAが
35度くらいになるようにする。

B
- 強力粉…100g
- 塩…小さじ¼弱（1g）
- 砂糖…20g（大さじ2）
- りんご（3mm厚さに切る）…½個
- グラニュー糖…小さじ2

りんごとグラニュー糖を
半量ずつのせる。

上側の生地をかぶせ、同
様に残りのをのせる。

作り方

生地を作る → p.10〜13参照

1 ポリ袋を切り開き、生地を4回折りたたんで長方形にする。

2 2分割して丸め、手でつぶしてのばす。1枚はフライパンに敷いてのばし、りんごの半量をのせ、グラニュー糖の半量を振る。もう1枚をかぶせるようにのせ、残りのりんごをのせ、残りのグラニュー糖を振る。

分割・具をはさむ

発酵 p.15参照

3 ふたをして、強火で10秒加熱し、火を止めて35分おく。

両面焼き p.17参照

4 ふたをしたまま強火で10秒加熱し、弱火にして7分、返して3分加熱する（表側は焦げやすいので焼き時間を短くする）。好みの大きさにカットする。

59

ぐるぐるパン

具を包んでぐるぐる巻いて焼き、
端からちぎって食べるスタイルです。
どこを食べても均一に具があるのがうれしい。

見た目は不思議な "うず巻き形"
両面をカリッと焼くのがおいしさの秘訣

ぐるぐるベーコンエピ

材料 (プレーンパン生地で1個分)

A
| ぬるま湯…60g (40度くらい)
| サラダ油…5g (小さじ1強)
| ドライイースト…小さじ⅓(1g)

B
| 強力粉…100g
| 塩…小さじ¼弱 (1g)
| 砂糖…5g (小さじ1強)

ベーコン (縦半分に切る)…1枚
ピザ用チーズ…20g
粒マスタード…適量

生地はめん棒で
ベーコンの長さく
らいの楕円形に
のばす。

ベーコン、チーズ
を10gずつのせ、
粒マスタードを塗
る。手前から巻き、
奥側の生地とくっ
つけてとじ、棒状
にする。

キッチンバサミを
水でぬらしながら
斜めに切り込み
を入れ、生地を左
右交互にずらす。

切り口を外側に
向けて、フライパ
ンの中央にぐるぐ
る巻いて入れる。

2本目は、1本目
の外側を1周させ
る。

作り方

**生地を
作る**　p.10〜13参照

**分割・
ぐるぐる
巻く**

1 ポリ袋を切り開き、生地を4回折りた
たんで長方形にする。

2 2分割して丸め、めん棒で長めの楕
円形にのばす。ベーコン、チーズをの
せ、粒マスタードを塗って包み、キッ
チンバサミで切り込みを入れる。

3 フライパン (直径20cmを使用) にぐるぐる
巻いて入れる。

発酵
p.15参照

4 ふたをして、強火で10秒加熱し、火
を止めて30分おく。

両面焼き
p.17参照

5 ふたをしたまま強火で10秒加熱し、
弱火にして5分、返して5分加熱する。

粒マスタードを
きかせると
ぐっと大人の味に

3分割でお店みたいな大きめサイズ
上品な甘みと香りを贅沢に味わう

シナモンロール

生地はめん棒で
13〜15cmの楕
円形にのばす。

シナモン、グラニ
ュー糖を⅓量ず
つ振る。

手前と奥側の生
地をくっつけてと
じ、棒状にする。

とじ目を下にし、
ナイフで中央に切
り込みを入れる。

片側の端を穴にく
ぐらせて通す(ね
じりこんにゃくの
ように)。

ぐるりと巻いてフ
ライパンに並べる。

材料 (ミルクパン生地で3個分)

A
| 牛乳…60g (40度くらい)
| サラダ油…5g (小さじ1強)
| ドライイースト…小さじ⅓ (1g)

B
| 強力粉…100g
| 塩…小さじ¼弱 (1g)
| 砂糖…15g (大さじ1½)

シナモンパウダー…小さじ½
グラニュー糖…小さじ2

※リッチパン生地(p.19)で
作ってもおいしい。

作り方

生地を作る　p.10〜13参照

1 ポリ袋を切り開き、生地を4回折りた
たんで長方形にする。

2 3分割して丸め、めん棒で長めの楕
円形にのばす。シナモン、グラニュー
糖を振って包み、包丁で切り込みを
入れてねじる。

分割・ぐるぐる巻く

3 フライパン(直径20cmを使用)にぐるぐる
巻いて入れる。

発酵
p.15参照

4 ふたをして、強火で10秒加熱し、火
を止めて30分おく。

両面焼き
p.17参照

5 ふたをしたまま強火で10秒加熱し、
弱火にして5分、返して5分加熱する。

生地を"ねじる"から
シナモンシュガーが
香ばしく焼ける

まるい生地が、包み方の工夫で三角に！
おにぎりそっくりのパンは、
梅干しや鮭など定番の具がよく合います。

持ちやすくて、おべんとうに最適
放射状に並べれば一度に6個焼ける

三角おにぎりパン

生地は手で直径
8〜9cmに広げ、
具をのせる。

上側を左右から
とじる。

下側を持ち上げ、
中央でとじて三
角形にする。
とじ目を下にし、
手で平らにつぶす。

のりは下側を1cm
ほど離して（ふくら
む分のゆるみを作っ
て）貼る。

フライパンに放射
状に並べるとぴっ
たり！

材料（プレーンパン生地で6個分）

A	ぬるま湯…60g（40度くらい）
	サラダ油…5g（小さじ1強）
	ドライイースト…小さじ⅓（1g）
B	強力粉…100g
	塩…小さじ¼弱（1g）
	砂糖…5g（小さじ1強）

梅干し（種を除く）、鮭、たらこ、おかか、
　から揚げなど好みの具…各適量
焼きのり（3×8cm）…6枚

作り方

生地を作る　p.10〜13参照

1　ポリ袋を切り開き、生地を4回折りた
　たんで長方形にする。

分割・具を包む

2　6分割して丸め、手でつぶす。好みの
　具をのせ、三角形に包み、のりを貼る。

3　フライパン（直径20cmを使用）に放射状
　に並べる。

発酵　p.15参照

4　ふたをして、強火で10秒加熱し、火
　を止めて30分おく。

両面焼き　p.17参照

5　ふたをしたまま強火で10秒加熱し、
　弱火にして5分、返して5分加熱する。

梅干し

かわいいだけじゃない！
ごはんより傷みにくく
食べやすいのも魅力

おかか

から揚げ

鮭

たらこ

ベーグル

湯でゆでてから焼くかわりに、
水を足して蒸し焼きにする簡単バージョン。
フライパンでも本格的なベーグルに。

つやつやでぷっくり、食感はもっちり
プレーンパン生地がイメチェン！

ホワイトベーグル

生地はめん棒で
12〜13cmの楕
円形にのばし、く
るくる巻く。

さらに手で転がし、
15〜16cm長さ
の棒状にする。

端をめん棒でつ
ぶす。

つぶした部分をも
う片方の端にか
ぶせ、なじませる。

水はベーグル1
個に大さじ1ずつ、
全体にかける。

材料（プレーンパン生地で4個分）

A	ぬるま湯…60g（40度くらい）
	サラダ油…5g（小さじ1強）
	ドライイースト…小さじ⅓（1g）
B	強力粉…100g
	塩…小さじ¼弱（1g）
	砂糖…5g（小さじ1強）

作り方

生地を作る p.10〜13参照

1 ポリ袋を切り開き、生地を4回折りた
たんで長方形にする。

2 4分割して丸め、手でつぶす。めん棒
で楕円形にのばし、巻いて棒状にし、
さらに約15cm長さにのばす。端をめ
ん棒でつぶし、つなげて輪にする。

分割・成形

3 生地を1個ずつクッキングシートにの
せ、フライパン（直径20cmを使用）に並べ
る。

発酵 p.15参照

4 ふたをして、強火で10秒加熱し、火
を止めて30分おく。

※発酵オーバーになると、ベーグルの仕上がりがしぼ
んでシワシワになるので注意！

蒸し焼き

5 水大さじ4をかけて強火にかけ、沸
騰したらふたをし、弱火にして10分
加熱する。ふたをとり、水分が残って
いたら、水けが飛ぶまで加熱する。ク
ッキングシートをはがす。

プレーンにすれば
トッピング自由！
まぜ込み生地（p.30〜41）で
作ってみてもOK

油はフライパンに深さ1cmほどで大丈夫。
両面を揚げて、全体に火を通します。
火が強いと焦げやすいので、弱火をキープ。

熱々をかじるのが、手作りの醍醐味!
小ぶりだからおやつにもつまめる

カレーパン

生地は手で直径
8〜9cmに広げ、
カレーを大さじ1
ずつのせる。

手前と奥側の生
地をくっつけ、木
の葉形にする。

表面に水をつけ
る。

とじ目を下にして
パン粉にのせ、押
さえてしっかりく
っつける。

片面が揚がった
ら返す。側面は立
てて焼き色をつけ
るとよい。

材料 (プレーンパン生地で6個分)

A
| ぬるま湯…60g (40度くらい)
| サラダ油…5g (小さじ1強)
| ドライイースト…小さじ⅓ (1g)

B
| 強力粉…100g
| 塩…小さじ¼弱 (1g)
| 砂糖…5g (小さじ1強)

カレー (市販または手作り)…大さじ6※
揚げ油…適量
※ゆるい場合は冷やし固める。

作り方

生地を作る　p.10〜13参照

分割・成形

1 ポリ袋を切り開き、生地を4回折りたたんで長方形にする。

2 6分割して丸め、手でつぶす。カレーをのせ、手前と奥側の生地をくっつけてとじ、表面に水をつけてからパン粉をまぶす。

3 フライパン (直径20cmを使用) に並べる。

発酵
p.15参照

4 ふたをして、強火で10秒加熱し、火を止めて30分おく。発酵が終わったら、フライパンからとり出す。

揚げ焼き

5 フライパンの底にたまるくらいの揚げ油を熱し、あたたまったら4を3個入れ、弱火で片面を3〜4分、返して3〜4分、こんがりと揚げる。残りも同様に揚げる。

ふっくらした
木の葉形がかわいい！
具はドライカレーや
ミートソースでも

ドーナッツ

イースト発酵で作るドーナツは
ふんわり軽い、幸せなおいしさ

材料（プレーンパン生地で6個分）

A
- ぬるま湯…60g（40度くらい）
- サラダ油…5g（小さじ1強）
- ドライイースト…小さじ⅓（1g）

B
- 強力粉…100g
- 塩…小さじ¼弱（1g）
- 砂糖…5g（小さじ1強）

砂糖、きな粉、チョコレート、チョコスプレッド…各適量
揚げ油…適量

※強力粉90g・ココア10gにするとココア生地に。リッチパン生地（p.19）で
作ると、甘みが増し、歯切れがよくなる。好みでいろいろな生地で楽しんで！

作り方

生地を作る　p.10〜13参照

生地は手で平らにつぶし、指で穴をあける。

両手の人さし指を入れて回しながら、穴を広げる。

クッキングシートにのせ、ふたをしないで発酵させるのがポイント！あえて生地を乾燥させることで、きれいな揚げ色がつく。

分割・成形

1 ポリ袋を切り開き、生地を4回折りたたんで長方形にする。

2 6分割して丸め、手でつぶす。中央に指で穴をあけ、穴を広げてドーナツ形にする。

3 生地を1個ずつクッキングシートにのせ、フライパン（直径20cmを使用）に並べる。

発酵
p.15参照

4 ふたをせずに、強火で10秒加熱し、火を止めて30分おく。発酵が終わったら、フライパンからとり出す。

シートは揚げている途中で、するっととれる。

揚げ焼き

5 フライパンの底にたまるくらいの揚げ油を熱し、あたたまったら4を3個入れ、途中でシートをとり除く。弱火で片面を3〜4分、返して3〜4分、こんがりと揚げる。残りも同様に揚げる。

片面が揚がったら返す。側面は立てて揚げ色をつけるとよい。

仕上げ

アレンジ1　砂糖をまぶす。

アレンジ2　きな粉2：砂糖1でまぜ、まぶす。

アレンジ3　とかしたチョコをかけ、チョコスプレッドを散らす。

シンプルシュガー

きな粉シュガー

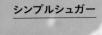

昔なつかしい
きな粉揚げパン風

チョコ＆チョコスプレッド

さらに 簡単、発酵なし!

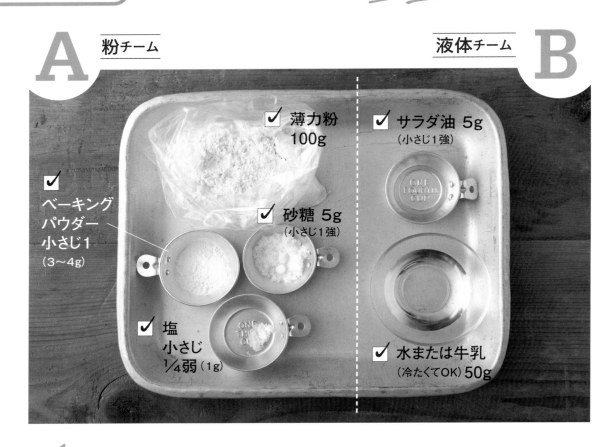

A 粉チーム

B 液体チーム

☑ 薄力粉
100g

☑ サラダ油 5g
（小さじ1強）

☑ ベーキング
パウダー
小さじ1
（3〜4g）

☑ 砂糖 5g
（小さじ1強）

☑ 塩
小さじ
1/4弱 （1g）

☑ 水または牛乳
（冷たくてOK）50g

手順 **1** 材料を合わせる

Aを合わせる

ポリ袋に**A**を入れ、手で軽くもんでまぜる。

Aに**B**を加える

Bの水（または牛乳）、サラダ油を順に加える。

クイック25分パン

ベーキングパウダーを使ってふくらませると発酵がいらないので、さらにクイックパンに！
ここで発酵なしの生地の作り方を紹介します。最短15分で、具を準備する場合も25分で完成！

手順2 シャカシャカ1分

ねじって持って

袋に軽く空気を入れて口をねじり、思いっきりシャカシャカ振る！

1分ほどで液体と粉が一体化し、生地がまとまる。

手順3 両手もみ1分

ベタベタした部分とかたい部分がまざるように、ていねいにムラなくもむ。

手順4 グーこね1分

猫の手で、生地全体をグイグイ押す。

手順 **5** 折りたたみ**4回**

ポリ袋を切り開き、生地を2つ折りにする。

ポリ袋の上から押してなじませると手にくっつかない!

さらに2つ折りにする。

押してなじませる。これをあと2回くり返す。

休めのポーズ

このまま2〜3日冷蔵保存OK

ポリ袋で生地を包んだら、「休め」のポーズで待機。
この間に、具の準備をする。
生地は作りおきできるので、前日に仕込んで
冷蔵庫にストックしておけば、翌朝は焼くだけ!

手順 **6** 分割・丸める

ナイフでレシピどおりの個数に分割する。

分割した生地は手でつぶし、対向の辺を
くっつけて中央に集め、とじる(p.15参照)。

円錐状の生地をのばすと、ナンの形に
ごはんを炊くより早く焼ける!

お手軽ナン

丸めてつぶした生地は、手前と奥側を途中までとじて円錐状にする。

両手ではさんで回しながら先端をのばし、めん棒で18cmくらいにしっかりのばす。

25分パンの場合、薄い生地はふたをせずに焼く。

材料（長さ15cm×4枚分）

A
- 薄力粉…100g
- ベーキングパウダー…小さじ1（3～4g）
- 塩…小さじ¼弱（1g）
- 砂糖…5g（小さじ1強）

B
- 水（冷たくてOK）…50g
- サラダ油…5g（小さじ1強）

作り方

生地を作る

p.72～74参照

分割・成形

1 生地を4分割して丸めたら、手でつぶし、円錐状にしてめん棒でのばす。フライパン（直径20cmを使用）に並べる。

両面焼き

2 弱めの中火で3分、返して3分加熱する（ふたはしない）。残りも同様に焼く。好みのカレーを添えてどうぞ!

生地を手で薄くのばすと、クリスピーピザに。
円形のふちをぷっくり小高くするのがポイント。
フライパンでもオーブン焼きの見た目になります。

昔ながらのピザにほっとする
お母さんが作ってくれる家庭の味

ミックスピザ

手で押さえて薄くのばしながら、ふちの1cmほどが小高くなるようにする。

焼いて返すと、平坦な面になる。ここには具をのせない。

さらに返してふちのある面を上にし、具をのせたらふたをして焼く。

材料（直径13〜14cm×2枚分）

A
- 薄力粉…100g
- ベーキングパウダー…小さじ1（3〜4g）
- 塩…小さじ1/4弱（1g）
- 砂糖…5g（小さじ1強）

B
- 水（冷たくてOK）…50g
- オリーブ油…5g（小さじ1強）

サラミ（薄切り）、ピーマン（輪切り）、
　ピザソース、ピザ用チーズ…各適量

作り方

生地を作る　**p.72〜74参照**

分割・成形

両面焼き

1 生地を2分割して丸めたら、手でつぶし、フライパン（直径20cmを使用）に入れてふちが小高くなるように薄くのばす。

2 弱めの中火で3分、返して3分加熱する（ふたはしない）。

3 再び上下を返し、ソースを塗り、サラミ、ピーマン、チーズをのせる。ふたをして弱火にし、チーズがとけるまで焼く。残りも同様に焼く。

※好みで直径26cmのフライパンで1枚にして作ってもOK。

中央は薄くてパリッ、
ふちは厚くてふっくら。
食感のバランスがいい！

クイックピザ

市販のミックスサラダが便利！
好みのトッピングで、手軽に華やか

サラダピザ

材料（直径13〜14cm×2枚分）

A
- 薄力粉…100g
- ベーキングパウダー…小さじ1（3〜4g）
- 塩…小さじ¼弱（1g）
- 砂糖…5g（小さじ1強）

B
- 水（冷たくてOK）…50g
- オリーブ油…5g（小さじ1強）

ミックスサラダ、ミニトマト（四つ割り）、
　生ハム、モッツァレラ（ちぎる）…各適量
フレンチドレッシング（市販）…適量

作り方

生地を作る → p.72〜74参照

分割・成形

両面焼き

1 生地を2分割して丸めたら、手でつぶし、フライパン（直径20cmを使用）に入れてふちが小高くなるように薄くのばす。

2 弱めの中火で3分、返して3分加熱する（ふたはしない）。残りも同様に焼き、ふちのある面を上にして器に盛る。

3 サラダの材料をドレッシングであえ、2にのせる。
※好みで直径26cmのフライパンで1枚にして作ってもOK。

サラダピザは、ピザを焼いてから好みの具をのせるスタイル。

 クイックピザ

卵1個で作るレンチンカスタードで
甘くてジューシーなタルト風に

フルーツピザ

材料(直径8〜9cm×4枚分)

A
薄力粉…100g
ベーキングパウダー…小さじ1(3〜4g)
塩…小さじ¼弱(1g)
砂糖…5g(小さじ1強)

B
水(冷たくてOK)…50g
オリーブ油…5g(小さじ1強)

好みのフルーツ…適量
レンチンカスタード(下参照)…適量

レンチンカスタードの作り方

材料(作りやすい分量)

卵…1個　　　　　薄力粉…大さじ2
牛乳…200ml　　バニラエッセンス
砂糖…大さじ4　　　…3〜4滴

作り方

1　耐熱ボウルに卵、砂糖、薄力粉、牛乳の順に入れてよくまぜる。

2　電子レンジ(600W)でラップはかけずに2分加熱し、まぜる。再び1分加熱してまぜ、さらに1分加熱してまぜ、とろりとしたらバニラエッセンスをまぜる。ラップを密着させ、保冷剤をのせて冷ます。

作り方

生地を
作る

p.72〜74参照

分割・
成形

両面焼き

1 生地を4分割して丸めたら、手でつぶし、2枚分をフライパン(直径20cmを使用)に入れてふちが小高くなるように薄くのばす。

2 弱めの中火で3分、返して3分加熱する(ふたはしない)。残りも同様に焼く。

3 ふちのある面を上にしてカスタードを塗り、フルーツを食べやすく切ってのせる。あればハーブを飾っても。

直径20cmフライパンで2枚がぴったり。直径26cmなら4枚焼ける。

パニーニ

パニーニは、イタリア発のホットサンド。
専用の道具がなくてもフライパンで大丈夫！
菜箸で筋をつければ、縞模様ができます。

親子クッキングの人気メニュー
簡単だから子どもでも作れる！

ハム＆チーズパニーニ

楕円形の生地にハムをのせ、チーズは半分に切って横長にのせる。

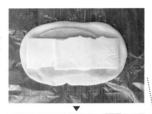

手前と奥側の生地をくっつけてとじる。

とじ目を下にし、めん棒で18〜20cmくらいに薄くのばす。

菜箸で縞目に筋を入れる。ぐっと下まで押して！

材料（18〜20cm×2個分）

A
- 薄力粉…100g
- ベーキングパウダー…小さじ1（3〜4g）
- 塩…小さじ¼弱（1g）
- 砂糖…5g（小さじ1強）

B
- 牛乳（冷たくてOK）…50g
- サラダ油…5g（小さじ1強）

- ロースハム…2枚
- スライスチーズ（とけるタイプ）…2枚

作り方

生地を作る p.72〜74参照

分割・成形

1 生地を2分割して丸めたら、手でつぶし、めん棒で楕円形にのばしてハムとチーズを包む。さらにのばし、菜箸で筋をつける。フライパン（直径20cmを使用）に並べる。

両面焼き

2 弱めの中火で3分、返して3分加熱する（ふたはしない）。

フライパンに並べて焼く。

薄くのばしてペタンコ焼き。
持ちやすくてかじりやすい

パニーニ

サラダの黄金コンビをパンの具に
食べごたえもしっかり満足できる

えび&アボカドパニーニ

材料（15～16cm×1個分）

A
薄力粉…100g
ベーキングパウダー…小さじ1（3～4g）
塩…小さじ¼弱（1g）
砂糖…5g（小さじ1強）

B
牛乳（冷たくてOK）…50g
オリーブ油…5g（小さじ1強）

ゆでえび…5尾
アボカド（薄切り）…½個
マヨネーズ…小さじ2

作り方

生地を作る　p.72～74参照

分割・成形

1　生地を2分割して丸めたら、楕円形にのばし、1枚に筋をつける。

2　フライパン（直径20cmを使用）に筋をつけた生地、アボカド、えび、マヨネーズの順でのせ、もう1枚の生地ではさむ。

両面焼き

3　弱めの中火で3～4分、返して3分加熱する（ふたはしない）。

ひっくり返して表になる面に、箸で筋を入れる。

筋をつけた生地を下にして、具をのせる。

上の生地はかぶせるようにぴったりのせると、返しやすい。

パニーニ

肉好き男子はこっちにハマる
冷めてもおいしいからお弁当にも!

焼き肉パニーニ

材料 (15〜16cm×1個分)

A
薄力粉…100g
ベーキングパウダー…小さじ1 (3〜4g)
塩…小さじ¼弱 (1g)
砂糖…5g (小さじ1強)

B
水 (冷たくてOK)…50g
サラダ油…5g (小さじ1強)

牛肉 (切り落とし)…60g
ねぎ (薄切り)…20g
サラダ油…少々
焼き肉のたれ…小さじ2

筋をつけた生地を下にして、具をのせる。上の生地のかぶせ方は左ページと同様に。

作り方

生地を作る

p.72〜74参照

分割・成形

1 フライパン (直径20cmを使用) に油を熱し、牛肉、ねぎをいため、焼き肉のたれで調味する。

2 生地を2分割して丸めたら、楕円形にのばし、1枚に筋をつける。

3 フライパンをきれいにし、筋をつけた生地、1をのせ、もう1枚の生地ではさむ。

両面焼き

4 弱めの中火で3〜4分、返して3分加熱する (ふたはしない)。

薄くのばした生地で具を包んで蒸す、中国の点心・包子（パオズ）。フライパンで作ると底がカリッと焼けた「焼きパオズ」になります。

皮はもちっ、中のお肉はじゅわっ、
底はカリカリに焼けて最高の食感

小籠包（ショウロンポウ）

生地は四隅をのばし、中央（底になる部分）を厚くする。

中央に具をのせ、四隅をくっつける。

さらに対向の角を引っぱってくっつけ、ギュッとつまんでとじる。

底をごまに押しつけ、たっぷりつける。

フライパンに間隔をあけて並べ、油を回し入れる。

水を加えて火にかけ、沸騰したらふたをして蒸し焼きに。

材料（6個分）

A
薄力粉…100g
ベーキングパウダー…小さじ1（3〜4g）
塩…小さじ¼弱（1g）
砂糖…5g（小さじ1強）

B
水（冷たくてOK）…50g
サラダ油…5g（小さじ1強）

C
豚ひき肉…100g
しいたけ（5㎜角に切る）…1個
ゆでたけのこ（5㎜角に切る）…20g
塩、こしょう…各少々
しょうゆ、オイスターソース…各小さじ1
ごま油…小さじ2

いり白ごま　適量

作り方

生地を作る　p.72〜74参照

分割・成形

1 Cの具をまぜ合わせ、6等分して丸める。

2 生地を6分割して丸めたら、手でつぶし、めん棒で四隅をのばす。具を包んで底に白ごまをつけ、フライパン（直径20㎝を使用）に並べる。

蒸し焼き

3 油（小さじ1・分量外）を回し入れ、水100㎖を加えて強火にかけ、沸騰したらふたをして弱めの中火にし、7〜8分加熱する。ふたをとり、水分が残っていたら、水けが飛ぶまで加熱する。

見た目もおいしさも、
「お店みたい」
と絶賛される!

焼き包子

イタリア国旗の3色がきれい！
気のきいたワインのつまみになる

イタリアン焼き包子

材料（6個分）

A
- 薄力粉…100g
- ベーキングパウダー…小さじ1（3〜4g）
- 塩…小さじ¼弱（1g）
- 砂糖…5g（小さじ1強）

B
- 水（冷たくてOK）…50g
- オリーブ油…5g（小さじ1強）

モッツァレラ（ミニ）…6個
ミニトマト（半分に切る）…3個
バジルの葉（半分に切る）…3枚

作り方

生地を作る

p.72〜74参照

▼

分割・成形

1 生地を6分割して丸めたら、手でつぶし、めん棒で四隅をのばす。モッツァレラ、ミニトマト、バジルをのせて包み、フライパン（直径20cmを使用）に並べる。

▼

蒸し焼き

2 オリーブ油（小さじ1・分量外）を回し入れ、水100mlを加えて強火にかけ、沸騰したらふたをして弱めの中火にし、7〜8分加熱する。ふたをとり、水分が残っていたら、水けが飛ぶまで加熱する。食べるときに好みでオリーブ油（分量外）をかける。

中央に具をのせ、小籠包（p.84）と同様に包む。

とじ目を上にして、フライパンに間隔をあけて並べる。

86

焼き包子

生地のとじ目を下にするとまん丸に
ミニサイズの一口まんじゅう

あんまん

材料（6個分）

A
- 薄力粉…100g
- ベーキングパウダー…小さじ1（3〜4g）
- 塩…小さじ¼弱（1g）
- 砂糖…5g（小さじ1強）

B
- 牛乳（冷たくてOK）…50g
- サラダ油…5g（小さじ1強）

あんこ…120g

作り方

生地を作る

p.72〜74参照

分割・成形

1 生地を6分割して丸めたら、手でつぶし、めん棒で四隅をのばす。あんこを6等分して丸め、生地にのせて包み、フライパン（直径20cmを使用）に並べる。

蒸し焼き

2 油（小さじ1・分量外）を回し入れ、水100mlを加えて強火にかけ、沸騰したらふたをして弱めの中火にし、7〜8分加熱する。ふたをとり、水分が残っていたら、水けが飛ぶまで加熱する。

中央にあんこを20gずつのせ、小籠包（p.84）と同様に包む。

とじ目を下にして、フライパンに間隔をあけて並べる。

イベントを盛り上げるパンも、25分で作れます。
生地を成形するときの簡単テクニックで、
ハートやお魚、おばけ、ツリーのパンに大変身！

バレンタインに楽しく作ろう！
しっとり甘いチョコブラウニー風

ハート♥チョコパン

生地は1カ所をとがらせ、反対側にくぼみを作ってハート形に。

型に入れ、指で押して隅までのばし、平らにする。

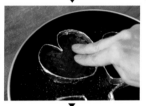

4個分を同様に入れ込む。

冷めたら、チョコペンなどで好みのデコレーションを！

材料（4個分）

A
- 薄力粉…90g
- ココアパウダー（無糖）…10g
- ベーキングパウダー…小さじ1（3〜4g）
- 塩…小さじ1/4弱（1g）
- 砂糖…20g（大さじ2）

B
- 牛乳（冷たくてOK）…50g
- サラダ油…5g（小さじ1強）

チョコチップ…30g

作り方

生地を作る　p.72〜74参照

「グーこね」のあと、チョコチップを加えてまぜる。

分割・成形

1 生地を4分割して丸めたら、手でハート形にする。

2 フライパン（直径20cmを使用）に牛乳パックの型（以下参照）を4個並べ、生地を入れ込む。

両面焼き

3 ふたをして、弱めの中火で4分、返して3分加熱する。

牛乳パックの型の作り方

牛乳パックを2cm幅の輪切りにし、ハート形にくぼませる。

アルミホイルを6cm幅に切り、全体に巻く。

くぼみの部分をホチキスでとめる。

Valentine

型に入れるから
ふくらんでもハートの形を
しっかりキープ

三つ編みにするだけで、お魚の形に
アーモンドのうろこがアクセント

こいのぼりパン

生地を10cm長さ
くらいの楕円形に
のばし、切り込み
を入れる。

生地を交差させ、
三つ編みにする。

最後はとじずに、
キュッとつまんで
尾にする。

アーモンドを差し
込み、うろこにす
る。

目とえらをかいた
ら、かわいいこい
のぼりの完成！

材料（4個分）

A
| 薄力粉…100g
| ベーキングパウダー…小さじ1（3〜4g）
| 塩…小さじ¼弱（1g）
| 砂糖…10g（大さじ1）

B
| 水（冷たくてOK）…50g
| サラダ油…5g（小さじ1強）

アーモンドスライス…約20枚
チョコペン…適量

作り方

生地を作る p.72〜74参照

分割・成形

1 生地を4分割して丸めたら、楕円形
にのばし、切り込みを入れて三つ編
みにする。アーモンドを差し込み、フ
ライパン（直径20cmを使用）に並べる。

両面焼き

2 ふたをして、弱めの中火で4分、返し
て3分加熱する。チョコペンで目とえ
らをかく。

子どもの日に
作ってあげたい
ほのぼのするお祝いパン

Children's day

●包帯おばけパン

生地は目に2つ使う分をとり分け、両手ではさんで転がしながら、ソーセージの3倍くらいの長さにのばす。

目をつける部分のすき間をあけて、生地をソーセージにぐるぐる巻きつける。

すき間に目をつける。

かぼちゃパンといっしょにフライパンに間隔をあけて並べる。

●かぼちゃパン

生地は平たくつぶしてチーズを10gずつのせ、ふちを中央に集めてギュッとつまむ。

とじ目を下にしておき、中央に指を差し込む。

ナイフで5～6カ所、深く筋を入れ、中央にかぼちゃの種を差す。

中身はいつものソーセージとチーズ！
ひと工夫でハロウィン仕様にできる

包帯おばけパン
かぼちゃパン

材料(8個分)

A	薄力粉…100g
	ベーキングパウダー…小さじ1(3～4g)
	塩…小さじ¼弱(1g)
	砂糖…10g(大さじ1)
B	水(冷たくてOK)…50g
	サラダ油…5g(小さじ1強)
ウインナソーセージ…4本	
いり黒ごま…8粒	
ピザ用チーズ…40g	
かぼちゃの種…4個	

作り方

生地を作る　p.72～74参照

分割・成形

1 生地を8分割して丸めたら、4つは細くのばしてソーセージに巻きつけ、包帯おばけにする。残りはチーズを包み、筋をつけてかぼちゃにし、かぼちゃの種を差す。フライパン(直径20㎝を使用)に並べる。

2 ふたをして、弱めの中火で4分、返して3分加熱する。包帯おばけの目にごまをのせる。

両面焼き

手作りすると表情豊か。
ミイラ姿が
怖かわいい!

Halloween

15個の丸い生地を三角に並べて
キラキラ輝くクリスマスツリーに

お楽しみツリーパン

生地はなるべく同じ大きさに15分割し、丸める。中の具は好みのもので!

平たくつぶして具をのせ、ふちを中央に集めてギュッとつまむ。

フライパンに上の段から1、2、3、4、5個とふやして並べていき、ツリーの形にする。

材料 (15個分)

A
| 薄力粉…100g
| ベーキングパウダー…小さじ1 (3〜4g)
| 塩…小さじ¼弱 (1g)
| 砂糖…10g (大さじ1)

B
| 水 (冷たくてOK)…50g
| サラダ油…5g (小さじ1強)

マシュマロ、板チョコレート、プロセスチーズ、
　ウインナソーセージ (それぞれ小さく切る)…各適量

C
| 粉砂糖…大さじ1
| 水…小さじ¼から、かたさを見て調節する

アラザン…適量

作り方

生地を作る p.72〜74参照

分割・成形

1 生地を15分割して丸めたら、手でつぶし、好みの具をのせて包む。フライパン (直径20㎝を使用) にツリーの形に並べる。

両面焼き

2 ふたをして、弱めの中火で4分、返して3分加熱する。

3 Cをまぜてアイシングを作り、パンの上にスプーンなどで塗り、アラザンを散らす。

キコキコ、
切ってみよう。
なにが出るかは
お楽しみ！

沼津りえ（ぬまづ りえ）

管理栄養士、調理師、料理家。食品会社勤務を経て、製パン製菓専門学校で学び直すと同時に洋食店で料理の腕を磨く。主宰するCOOK会（料理教室）ではさまざまなコースを開催しており、中でもパンクラスは大人気。本書では島津睦子パン教室師範科首席卒業の技術を生かし、究極のミニマルレシピを開発。新聞、テレビ、雑誌などのメディアでも活躍中。著書に『野菜まるごと冷凍レシピ』（主婦の友社）、『低糖質だからおいしい！「おやつ＆スイーツ」』（K＆M企画室）など。

STAFF

デザイン　野澤享子、高田明日美、杉山さおり（Permanent Yellow Orenge）
撮影　佐山裕子（主婦の友社）
スタイリング　坂上嘉代
構成・取材・文　水口麻子
調理アシスタント　高橋 惠、小松由加
アシスタント　沼津そうる
編集担当　町野慶美（主婦の友社）

55分で焼きたてパン

2021年10月31日　第1刷発行

著　者　沼津りえ
発行者　平野健一
発行所　株式会社 主婦の友社
　　　　〒141-0021
　　　　東京都品川区上大崎3-1-1 目黒セントラルスクエア
　　　　電話 03-5280-7537（編集）03-5280-7551（販売）
印刷所　大日本印刷株式会社

©Rie Numazu 2021 Printed in Japan ISBN978-4-07-449177-3